I am praying for the Buddhas blessing for all living beings. Soha!

I am praying for the Buddha's blessing for all living beings. Svaha!

모든 생명에
부처님의 가피가 가득하소서.
사바하!

걸어야 길이다
길・절집・사람

우리는 지난해 가을 삼보사찰 천리순례를 마쳤습니다.
송광사에서 통도사까지 423km를 사부대중이 함께 걸었습니다.
순례단 모두가 어떤 차별도 없이, 길에서 똑같이 자고,
길에서 똑같이 먹으며, 남도의 가을을 함께 지나왔습니다.

승보종찰 송광사에서는 출가하는 마음으로, 법보종찰 해인사에서는
부처님의 가르침을 접하는 마음으로, 불보종찰 통도사에서는
붓다 자체가 되어 깨달음에 이르는 경험을 하고자 했습니다.
불법승 삼보를 몸으로 깨치며 스무 날 내내 한국불교의
발전을 위해 걸었습니다.

서릿발 내리는 상월결사의 용맹정진 정신을 이어가고자 했습니다.
지금 여기의 일상에서, 사부대중이 함께하는 길 위에서,
한국불교의 미래가 있다고 보았습니다. 새로운 각성, 새로운 방법,
새로운 실천을 결행하여 코로나에 지친 이들에게
희망을 주고 싶었습니다.

부처님께서는 길에서 나시고, 길에서 깨달으셨으며,
길에서 전법을 펼치시고, 길에서 입멸하셨습니다.
부처님의 삶은 길 위의 삶이었습니다. 가만히 안주하지 않고
이 마을에서 저 마을로 부지런히 다니셨습니다.
내가 가진 것을 더 많이 나누고 싶어 하셨고,
사람들을 고통에서 구하고자 하셨습니다.

우리는 그런 마음으로 묵묵히 걸었습니다.
실천하지 않으면 진리가 아니요, 걷지 않으면 길이 아닙니다.
포토에세이집을 살펴보니 1년 전 순례의 발걸음이 새삼 아름답고
거룩합니다. 함께 걸어준 사부대중과 헌신해준 지원단,
자원봉사자를 비롯한 일일참가자 모두에게
부처님의 가피가 함께하시길 바랍니다.

2022년 10월 1일
상월결사 회주 **해봉 자승** 합장

The stream whispers the truth of life.

시냇물이 법문하는 소리 들린다.

길 첫번째 여정

1. 손이 서원을 하고
2. 입재식
3. 순례 시작
4. 숙영지 풍경
5. 새벽 발원문
6. 이 음식을 보라
7. 섬진강변을 따라서
8. 천년 고찰 화엄사
9. 곡진과 감사
10. 가라. 가서, 가르침을 전하라
11. 노을한테 배운다
12. 남도 하늘에 심은 눈썹
13. 생명평화 공생공존
14. 부처님 꽃
15. 멀리 가는 향기다
16. 순례길 동반자
17. 지리산 제일관문
18. 깊은 어둠속

19 　　　대장경 이운길

20 　　　해인사 소리길

21 　　　해인海印이란 무엇인가

22 　　　죽비 전달

23 　　　새로운 공양 기도문

24 　　　옛적에 유마거사께서 이르기를

25 　　　수미산이 사바세계

26 　　　밀양강을 옆구리에 끼고

27 　　　사명스님을 기리며

28 　　　사자평을 넘어서

29 　　　감사합니다 존경합니다

30 　　　너도 쉬어야지

31 　　　길은 물을 닮았다

32 　　　자자회

33 　　　부처님이 우리를 반겨주신다

34 　　　금강계단

35 　　　회향 발원문

36 　　　발이 마무리한다

Road

We learn and are enlightened
as we walk and observe.

We learn and are enlightened
as we walk and observe.

걸으면서,

보면서,

배우고,

깨친다.

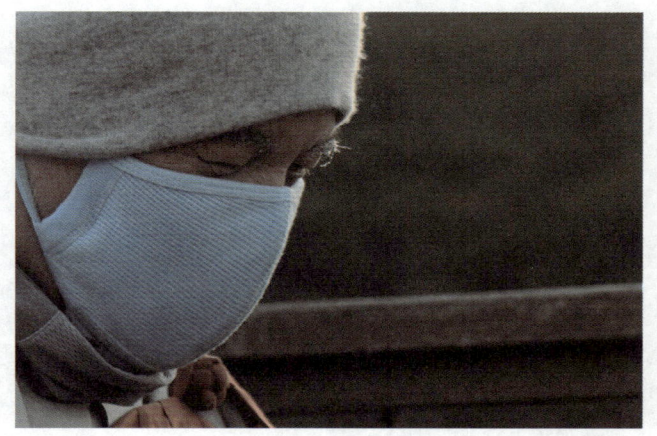

001 — 손이 서원을 하고

가만히 앉아 있을 순 없다.

일어서서 길을 나서야 한다.

걸음걸음마다

불국정토를 보고 싶다.

삼보사찰 108 천리순례

사부대중은 청규서약을 한다.

손이 모든 걸 시작한다.

원하고 원하옵건대

천리순례 시시처처에 불국정토가 장엄되어 있음을 보게 하시고

청정수행 전통이 면면약존 이어져 내려옴을 듣게 하시며

묵언행선을 통해 세계일화의 절대평화를 깨치도록 해 주시옵소서.

003

순례 시작

우리는 왜 송광사에서 순례를 시작하는가.

송광사를 품어 안은 산이 바로 조계산이다.

한국불교 조계종의 근원인 조계산 품 안에서

열여섯 분의 국사國師가 배출됐다.

승보사찰 송광사의 역사적 정통성을 공유하는 게

삼보사찰 천리순례의 시작이다.

004

숙영지 풍경

순례단은 1인용 텐트를 쓴다.

하루에 세 번 열 체크도 한다.

지원단에서 텐트 치고 걷는 것을 도와준다.

새벽 4시부터 걸어 25~30km를 오면 각자의 텐트가 기다리고 있다.

미안하고 감사하다.

순례단은 먹고 자고 걷기만 하면 된다.

그런데 이게 쉽지 않다.

발과 무릎과 허리가 아프고

옷은 언제나 땀에 젖는다.

부처님과 제자들은 어땠을까.

그 더운 나라에서…

005

새벽 발원문

길 떠나기 전 발원문을 함께 낭독한다.

발원문은 단순한 글이 아니다.

신심을 내어 부처님과 마주하기

세상에서 가장 크고 간절한

마음의 샘물이다.

아침 공양은 단출하다.

구운 계란 두 개, 바나나, 치즈, 요구르트다.

천리를 걷다보면 적게 먹어도 영양소를 고려해야 한다.

완보하고 나면 자기 몸무게의 5%는 빠진다.

007

섬진강변을 따라서

길은 섬진강 강변을 따라 나 있다.

남도의 가을빛이 고슬고슬하다.

갓 지은 햅쌀밥을 먹진 못해도

우리는 온몸으로 햇살밥을 먹는다.

언제 어디에서 살든,

Whenever or wherever,

부처님 꽃처럼 살면 된다.

be like a flower of Buddha

화엄사는 지리산의 대장군이다.

천 년을 이어 이 땅을 지켜왔다.

화엄산문에 드는 일이 어찌 예사로운가.

신라시대 돌판에 새긴 부처님 말씀이 보관된 곳이다.

얼마나 굳센지 엎드려 절 올리고 싶다.

009
― 곡진과 감사

길바닥에 아무렇게나 앉아서 공양을 해도

내 안에 음식이 들어오는 건 감사할 일이다.

준비하는 이에겐 곡진한 마음이

받는 이에겐 감사한 마음이 생긴다.

이 순간이 극락이다.

곡진과 감사가 만난다.

010

가라, 가서, 가르침을 전하라

보리수나무 아래 깨달음을 얻으신 이후

45년 동안이나 가르침을 베푸신 부처님

이 마을 저 마을을 맨발로 다니셨다.

그 마음의 살결이 내 몸에 새롭다.

수행자는 마땅히 법의法衣를 갖추고

재가자의 옷차림도 정결해야 한다.

서편 하늘이 낭자하다.

지리산 노을이 클래식이다.

모차르트의 〈아이네 클라이네 나하트 뮤직〉이

가슴에, 하늘에, 노을빛으로 번진다.

고행苦行과 호사豪奢는

둘이 아닌가 보다.

생사生死와 열반涅槃이

둘이 아니듯.

시암재에서 성삼재를 지나 계속 내려간다.

지리산의 품은 얼마나 크고 너른가.

그립다고 그립다고

새벽달은 떠오르는데

하늘에 저 눈썹은

어느 손이 심었을까.

013 생명평화 공생공존

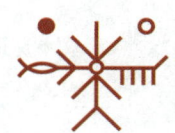

일찍이 실상사 회주 도법스님은

탁발순례로 몸소 전국을 누비면서

생명평화와 공생공존을 실천하셨다.

삼보사찰 천리순례도 다르지 않다.

신도가 절을 찾아오는 게 아니라

절이 세상 속으로 나아가는 거다.

014 부처님 꽃

부처님 꽃이다.

연꽃은

진창에 뿌리 내려도

깨끗하게 꽃핀다.

걸으면서, 보면서,

배우고 또 깨친다.

언제 어디서든

부처님 꽃처럼

살면 된다.

살면 된다.

The spring of heart is the largest and the most earnest spring in the world.

세상에서
가장 크고 간절한,
마음의 샘물

015 — 멀리 가는 향기다

지상의 연꽃이다,

선지스님의 파안대소는

멀리 가는

향기다.

016 — 순례길 동반자

구급차가 순례길 내내 함께한다.

발 아프고, 무릎 아프고, 허리 아프면 치료해 주는데

마음 으슥하게 캄캄하면 어떻게 해야 하나.

돌아보니 부처님께서는

우리 가는 인생길에

마음 치유 많이 해주셨다.

017 지리산 제일관문

770고지의 오도재를 넘어 지리산 제일관문을 향해 간다.

오늘 아침 실상사에서 먹은 떡국 힘으로 고개를 치고 올라간다.

더 높은 곳을 향해 가는 것은 무슨 힘으로 되는가.

실상사 먹거리는 똥을 분해해서 거름으로 만드는 농법을 쓴다는데

듣고 보니 똥으로 밥을 키우는 에너지 순환상생의 실천행이다.

순례단은 언덕길을 오르며 발원한다.

우리 가는 길이 국민의 고통과 아픔을 이겨내는

순환상생의 길이 되기를…

길을 가다보면 새벽의 끝을 본다.

어둠이 깊어져야 빛이 태어난다.

우리 모두 상처받고 힘들다.

그래도 바닥까지 내려가면

치고 오를 일만 남는다.

어둠의 끝에서 온몸으로 빛을 받는 일.

019

대장경 이운길

고려 때 왜구의 침입이 잦았다. 몽골군이 쳐들어와 왕궁까지
강화도로 옮겨야 했다. 나라를 지키고자 부처님 법력을 빌었다.
1011년에 대장경을 처음으로 만들었고 몽골군이 불태우자
1251년에 다시 만들었다. 강화도성 서문 밖 대장경판당에
보관하고 있다가 1398년 5월에 해인사로 옮겼다.
강화 섬에 있던 대장경을 합천 내륙의 해인사로 옮기려니
낙동강 개경포까지 뱃길로 온 다음 사부대중이 이고 지고
날라야 했다. 6백 년도 더 된 일이다.

고령 개경포에서 합천 해인사까지의 길을 '대장경 이운길'이라고 한다.
순례 도중 이운길 위에서 가을비를 만났다.
6백 년 전 경판 옮기던 마음이 얼마나 간절한지
오랜 세월 뒤에도 하늘을 울린다.

020

해인사 소리길

절집 일주문을 굳이 건축에서 찾을 것 없다.

해인사 먼발치에서 홍류동 물소리가 들리면

거기부터 일주문이다.

계곡 따라 이십 리를 걸어가면

마음의 짐 벗으라고 수척수척,

이왕이면 살 빼라고 수척수척,

시냇물이 법문하는 소리 들린다.

해인海印이란 무엇인가

바다의 도장이다.

내가 한 일, 네가 한 일,

바다에 다 드러난다.

도장에 새긴 것처럼

깊고 선명하게 비춘다.

하늘 아래 숨을 데가 없다.

022

죽비 전달

함께 발원해서 부처님 가르침의

전법과 포교에 힘쓰자는 동참당부다.

그런데 왜

하필 죽비일까.

죽비는 수행자의 결기의 상징이다.

참선 수행할 때만 쓰는 게 아니다.

게으르지 말라고

안일하지 말라고

나도, 너도

매섭게 가르친다.

새로운 공양 기도문

공양기도는 모두가 함께 한다.

짧고 쉽게 다시 만들었다.

거룩한 삼보에 귀의하오며

이 음식을 받습니다.

이 공양이 있기까지

수많은 인연에 감사하며

모든 생명에 부처님의 가피가

가득하소서. 사바하!

걸으면서 내 마음이 잔잔하면,

If my heart is calm while walking,

다른 이들 마음이 다 비친다.

the hearts of others will be reflected.

남의 피도 더 비치나.

the fears of others will be reflected.

024

옛적에 유마거사께서 이르기를

너도 아프냐?

나도 아프다!

중생이 아프면

내가 다 아프다.

025 수미산이 사바세계

순례단 가는 곳마다

격려의 현수막이 맞아준다.

수미산은 우주의 중심을 뜻하는

불교의 고귀한 공간 상징이다.

우리 사는 사바세계 한복판에

진리가 있다고 선포하는 사자후다.

수미산은 움직이는 거다.

내가 걷는 이 길이 수미산이다.

026 밀양강을 옆구리에 끼고

잔잔한 강물에 하늘이 어린다.

걸으면서도 내 마음이 잔잔하면

다른 이들 마음이 다 비친다.

강물이 내 옆구리에 다가와

띠를 두른 것처럼 느껴지면 된다.

표충사에 이르러 사명대사 다례재에 참여한다.

스님은 전쟁에 나아갔다.

나라가 왜적에 짓밟히는데 절집 수행이 다 뭔가.

많은 스님들이 함께 싸웠다.

조선의 스님군대가 전쟁의 분위기를 바꿨다.

전쟁 후에는 일본으로 건너가

3500명의 조선인을 데리고 돌아왔다.

어떤 장군이 이처럼 용맹하고

그 백성 자애롭게 사랑했을꼬.

전날 하루 종일 비를 맞았는데

오늘은 다행히 햇살이 찬란하다.

꿉꿉하던 몸이

부챗살처럼 펴진다.

밀양 재약산 사자평 명품 억새길

우리는 은빛 가을바다를 헤치고 가는

한 척의 배다.

생사고해生死苦海를 건너

지혜의 세계로 가는

그런 배 말이다.

이름도 아름다운

반야용선般若龍船

절 올리는 이들

순례길에 자주 만난다.

손은 합장하여 위를 향하고

눈물은 맺히어 아래로 떨어진다.

멀리에서도 우리 보살님

어깨 들썩이는 게 보인다.

순례단 청규에 이런 게 있다.

'스님은 가사袈裟를 수하고…'

수행자는 옷차림을 갖추고 걸어야 한다는 뜻이다.

벌써 보름 이상을 걸었다.

이번 숙영지는 숲속이다.

쉬는 동안

함께 걸어온 가사에게도 예를 갖추고 싶다.

길은 물을 닮았다

길은 물을 닮았다.

방향이 있다.

흐르고 흘러서

낮은 곳으로 간다.

바다, 가장 낮은

겸손한 저 바다,

가장 많은 물이 모여

가장 큰 집이 된다.

감사합니다.

Thank you.

존경합니다.

I respect you.

자자自恣는 선 수행 마친 후

자기의 잘잘못을 대중에게 고하는 거다.

전통 선방 수행은 아니지만 순례도 행선行禪인지라

자자 모임을 가진다.

'제가 너무 안일하고 나태했다는 걸 느꼈습니다.'

'한 포기 풀 속에 부처님 계신다는 걸 왜 몰랐을까요.'

길에서 먹고 자며

천 리를 걸어왔다.

국악 취타대가 나왔다.

자세히 보니 무풍한송길.

구불텅 구불텅

소나무가 춤추는 길이다.

한자로 적은 걸 보니

무풍한송舞風寒松인데

무풍환송舞風歡松도 잘 어울린다.

사람 풍악대는 때를 가려 환영하지만

통도사 소나무는

시도 때도 없이 환영한다.

누구든 차별 없이…

부처님 진신사리를 모신 적멸보궁이다.

적멸보궁이 바로 붓다다.

정등정각을 이룬 역사적 붓다 그 자체!

가운데 석종 부도 안에 부처님 정골 사리와 치아 사리가 들었다.

이곳에서 계를 받으면 마음이 금강석처럼 단단해진다.

그래서 금강계단金剛戒壇이다.

회향식장에서 진오스님이 모두를 울린다.

문장은 간곡하고 목소리는 절절하다.

마음 깊은 곳에서 우러나는 간절한 원력이

사부대중을 감화시킨다.

진오스님은 달리는 스님.

마라톤 보시금으로 외국인 근로자를 돕는다.

오늘은 이 나라의 일등 법사님이시다.

문장과 목소리가 최고의 법문이시다.

036

발이 마무리한다

여기가 삼보의 한복판이다.

순천 송광사에서 양산 통도사까지

열아흐레 동안 423km를 걸었다.

손이 서원했고

발이 마무리했다.

Temple

절집

두번째 여정 — 절집

1. 연등
2. 대웅전
3. 괘불
4. 보조국사 감로탑
5. 국사전
6. 수선사
7. 시냇물
8. 화엄사 전경
9. 템플스테이 안마당에 텐트를 치자꾸나
10. 대웅전과 각황전 사이
11. 부처님 품안
12. 사사자 삼층석탑
13. 점심 공양
14. 화엄 음악제
15. 무지개다리
16. 천은사 극락보전
17. 실상사 약사전
18. 실상사 아침 공양

19		실상사 터 잡은 것 좀 봐라
20		해인사 농산정
21		해동제일도량을 지나서
22		해인사 안마당 돌기
23		장경각을 오르며
24		경판에 새겨진 부처님 말씀
25		해인사 회향식
26		의료 봉사
27		해인사 숙영지
28		홍제사 설법보전 앞에서
29		표충사 가는 길
30		표충사 호국 음악제에서 서민예술을 보다
31		여기서부터 통도사입니다
32		통도사 부도전
33		영축총림
34		불이문
35		네 개의 현판
36		적멸보궁과 금강계단

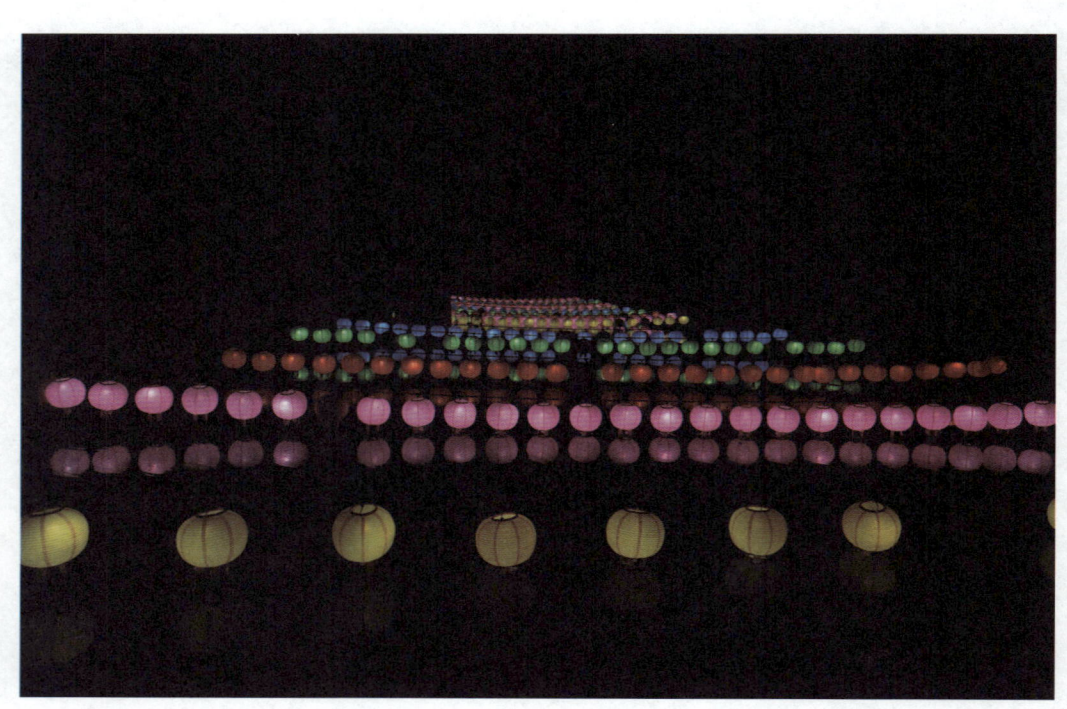

001 — 연등

절집 옆 냇물에

새벽 연등 걸렸다.

물에

어리는 모습

너도 나구나.

002

대웅전

1969년 송광사에 조계총림이 발족했다. 총림은 선원, 율원, 강원을

다 갖춘 큰절이다. 방장 구산九山스님께서 한국불교 조계종 종지를

세우신 고려 보조국사의 정혜결사의 정신을 이어가자는 원력으로

사부대중의 뜻을 모았다. 1983년부터 1990년까지 대웅전을

비롯한 30여 동의 전각과 건물을 새로 짓고 중수하여 승보종찰로서의

위용을 갖추어 오늘에 이른다. 그 대웅전 앞에서 사부대중 모두는

삼보사찰 천리순례의 첫 예불을 올린다.

천리순례 입재식 날이다.

60년 전에 걸었던 괘불을 새로 건다.

많은 사람이 멀리에서도 볼 수 있도록

커다란 부처님 그림을 걸어온 전통이다.

부처님은 위신력도 크시니

멀리 통도사 대중들에게도

그 모습 보이시려나.

보리 한 되, 쌀 한 되 원납한

이제는 돌아간 60년 전 대중에게도

그 음성 들려주시려나.

바닥에 한 자국

Those who fell on the ground

"땅에서 넘어진 자,

"Those who fell on the ground,

땅을 딛고 일어서라"

rise up from the ground."

보조 지눌스님께서 말씀하셨다.

"땅에서 넘어진 자, 땅을 딛고 일어서라."

여기다.

이 마음자리다.

지눌스님 사리 모신 곳

여기서부터 천리순례를 시작한다.

국사國師는 나라가 인정하는 최고의 승직이자

당대를 대표하는 스승이다.

송광사는 나라의 큰스님 열여섯 분을 배출한 승보종찰이다.

지금도 그 위상을 잃지 않고 사부대중이

올곧은 수행 정신을 실천한다.

선원, 율원, 강원에 150여 명의 스님이 모여

보조국사의 정혜결사 정신을 이어 여법하게 정진한다.

지눌스님은 영천 거조암에 머물며 천하의 명문 '정혜결사문'을 쓰셨다.

정혜결사는 정定과 혜慧를 함께 닦아야 한다는 것.

선종과 교종으로 나뉘어 다투던 분위기를 통합함으로써

퇴락해 가는 불교를 개혁하고 쇄신하려는 승풍운동이었다.

장소가 비좁아 송광산 길상사로 옮겨 더욱 열심히 정진하셨다.

길상사가 수선사로 되고 수선사가 오늘날 송광사가 되었다.

산 이름도 송광산에서 조계산으로 바뀌었다.

한국불교 조계종의 근원이 여기에서 비롯된다.

시냇물

송광사의 또 다른 명품은 시냇물이다.

조계산 품안을 흘러 절집 허리를 끼고 간다.

사시장철 마르지 않고 흐르니

부처님 목소리가 따로 없다.

마음이란 시냇물과 같다.

고요하면 지혜가 깊어지고

사나우면 폭류가 되어 떨어진다.

수행자를 위해, 사부대중을 위해

부처님께서 늘 들려주시는 말씀이다.

하늘에서 화엄사를 바라보니

지리산이 품어 안아 보호하는 자리다.

산은 부처님 가르침의 핵심을

꽃 속 씨방처럼

화엄 화엄 품었다.

화엄이 무언가.

법계연기法界緣起다.

모든 현상은 함께 의존하여 일어나고,

걸림 없이 서로가 서로를 받아들이며,

서로가 서로를 비추면서 흘러가는 장엄 세계다.

그래도 모르겠다.

당나라의 법장 스님이 측천무후를 거울의 방으로 모셨다.

사면은 물론 천장과 바닥 모두가 거울로 된 방이다.

스님이 촛불을 켜자 서로가 서로를 되비치면서

무수한 촛불이 생겨났다.

하나가 전체고 전체가 하나였다.

절대권력자가 말했다.

내 비로소 화엄의 묘리를 알겠다.

009

템플스테이 안마당에 텐트를 치자꾸나

천년고찰 화엄사 마당에 108 천막이 자리 잡았다.

취재진 것까지 합하면 150개 가깝다.

절 생긴 이래 처음이다.

비구, 비구니, 우바새, 우바이가 한마당에서 같이 잔다.

화엄사에 들어선다.

불이문, 금강문, 천왕문, 보제루를 지나

돌계단 위에 자리한 대웅전 앞에 선다.

왼편 언덕엔 국보인 각황전이,

오른편에 강원이 있다.

가람 배치의 가로세로 선이 정확하다.

땅 생김새가

부처님 가르침처럼 반듯하다.

앞마당에 모여 선 순례단도

땅과 가람을 닮아

반듯하다.

반듯하다.

반듯하다.

Right.
Right.
Right.

반듯하다.

반듯하다.

반듯하다.

011 — 부처님 품안

순례길에서 집은 없다.

길바닥이 집이다.

오늘은 절집 마당이라서 더 좋다.

어디든 불국토가 아니랴만

여기는 부처님 품안 같다.

각황전 위 산언덕에 또 다른 국보가 있다.

사사자 삼층석탑이다. 부처님 진신사리 73과가 봉안되었다.

부처님 사리를 모신 곳이니 적멸보궁이다.

탑신 아래 기단에는 네 마리의 사자가 탑신을 받치고 있는

모양을 하고, 그 중앙에 사람 형상이 조각되어 있다.

화엄사를 창건한 연기조사의 어머니 모습이라고 한다.

어머니는 아들 낳고 비구니가 되셨다. 석탑 앞에 멀찍이

떨어진 작은 탑에는 효성 깊은 연기조사가 어머니께

차를 올리는 모습이 조각되어 있다는데, 어머니와 아들은

돌이 되어서도 저토록 서로에게 지극하다.

점심 메뉴가 정갈하고 다양하다.

한국 사찰음식의 꽃을 보는 듯하다.

이 정성과 아름다움은

어디에서 와서 어디로 가는가.

무야, 콩나물아

깻잎아, 콩조림아

너는 나의 밥이고,

나는 너의 밥이다.

우리는 서로가 밥이다.

순례단이 도착하는 날 화엄음악제가 열렸다.

정호승 시인이 '산산조각'을 낭송했다.

룸비니에서 사온

흙으로 만든 부처님이

마룻바닥에 떨어져 산산조각이 났다.

(…)

그때 늘 부서지지 않으려고 노력하는

불쌍한 내 머리를

다정히 쓰다듬어 주시면서

부처님이 말씀하셨다.

산산조각이 나면

산산조각을 얻을 수 있지.

산산조각이 나면

산산조각으로 살아갈 수가 있지.

낭송을 마친 후 시인은 가장 아끼는 시라고 했다.

순례단은 알아차렸다. 우리는 산산조각 부처님일 수도 있고,

온전한 부처님일 수도 있다는 걸.

015 무지개다리

천은사 가는 길은 계곡을 건너야 한다.

계곡 다리가 무지개 친구처럼 생겼다.

드리울 수에 무지개 홍, 수홍문垂虹門이다.

수홍문 위의 누각은 수홍루垂虹樓.

숲속 그늘에 있는 것이

작아서 더 아름답다.

가을 시냇물 위에 허공종이를

홍예문 무늬로 오려 놓았는데

누각은 어쩌자고 공중누각인고.

천 년을 변치 않는 마음,

An unshakable heart is a heart that

흔들리지 않는 마음

does not change for a thousand years.

극락보전 앞마당에 탑이 없다.

깨끗하게 비어 있는 뜰이다.

미래불인 아미타부처를 보려면

지금 여기, 바로 이 순간을

비워야 한다는 뜻인가.

순례단이 도착한 이른 아침

서방정토 극락왕생의 비밀을

살짝 엿본 것도 같다.

이 부처님은 철불이다.

9세기 통일신라시대 작품이니

천 이백 살쯤 자셨다.

쇠붙이도 무거운데

천 년을 한 자세로 계시니

뚝심 한 번 최상승이다.

약사전에서 배울 것은 바로 이것

천일기도 474일째라는데

헤아리는 숫자보다 중요한 건 뭘까.

천 년을 변치 않는 마음

흔들리지 않는 중심

018

실상사 아침 공양

실상사의 공양기도문은 친자연적이다.

모든 자연이 공경과 감사의 대상이다.

내 몸과 내 말은 어느 생명에게

공경과 감사의 대상이 되려나.

절집은 깊은 산 속에 자리 잡지 않았다.

마을 가까운 곳, 들판 가운데 터 잡았다.

중생과 함께하는 정신이

실상사의 땅 정신이다.

땅은 넉넉하고 풍요롭다.

만물을 능히 받아들인다.

해인사 가는 길 홍류동 계곡 옆에

농산정籠山亭이란 정자가 있다.

물소리가 산을 감싸고 돈다는 뜻이다.

신라의 문장가 최치원의 시에서 따왔다.

그 시의 구절에 이르기를

"옳고 그름 가리는 소리 들릴까 두려워

짐짓 흐르는 물에게 온 산을 돌게 하네."

물소리가 얼마나 크면

산 전체를 감싸고 돌까.

옛날의 시인은 세상소리에서 떠나지만

오늘의 수행자는 시끄러운 한복판으로 간다.

해동제일도량을 지나서

해인사 일주문을 지나온다.

저 멀리 '해동제일도량'이라 쓴 현판이 보인다.

일주문 바깥 쪽 편액은 '가야산 해인사'라 쓰여 있다.

송광사처럼 선원, 율원, 강원이 다 있는 총림이다.

여기가 부처님 가르침을 상징적으로 보관한 법보종찰이다.

이곳, 가장 신성한 땅에, 팔만대장경이 살아 숨 쉬고 있다.

순례단이 해인사 안마당을 돌고 있다.

'해인도海印圖'의 길을 따라 걷는 거다.

재미있기도 한데 화엄사상의 속은 어렵다.

주리반특가는 부처님의 아둔한 제자였다.

친형인 마하반특가에게 날마다 꾸지람 받아 울고 있을 적에

부처님께서 그 이유를 물으시고 이런 처방을 내려주셨다.

주리반특가야, 게송이 잘 외워지지 않거든

지금부터 이 빗자루로 마당을 쓸어 보거라.

마당 쓸면서 '먼지를 털고 때를 닦자'고 읊어 보아라.

수없이 많은 날 읊다가 보니

주리반특가는 마당을 쓸다가

문득 이치를 깨치게 되었다.

그런 거구나.

마당 쓸다가 이치를 깨치는 것처럼

마당 돌다가 이치를 깨치라고

신라의 스님은 천 년 뒤 대중에게도

해인海印 선물을 주시는 거구나.

머리가 아니라 몸으로 깨치라고.

장경각을 오르며

팔만대장경 경판이 보관된 장경각에 오른다.

홍류동 계곡에서부터 해인사 소리길을 따라

위로, 위로, 계속 오르는 길이다.

수미산 가는 길 같다.

우리나라 사찰 조경의 기본 구조다.

부처님을 만나려면

절집 입구에서부터 계속 올라가야 한다.

장경각은 본전보다 위에 있다.

더 높은 뒤편에 위에…

팔만대장경은 세계기록문화유산이다.

민족의 유산이 아니라 인류의 유산이라는 뜻이다.

나무로 만든 경판 수가 팔만 장을 넘고

한자 글자 숫자만 5천만 자가 넘는다.

몽골 침략 때 두 번이나 만들었고

조선 초기에 강화에서 이곳으로 옮겨왔다.

7백 년 지나도 뒤틀림 하나 없다.

어떤 형용사가 어울릴까.

'조금도 축나거나 상함이 없이 그대로 온전하다.'

는 뜻의 국어가 생각난다.

고스란하다.

판전 경판을 참배하고 다시 내려와

해인도 길 따라 돌던 마당에 선다.

정면에 대적광전이 보인다.

여기 본존불은 비로자나불

진리의 가르침 그 자체를 뜻하는 법신불이다.

비로자나 부처님은 크고 넓어서

어느 곳에나 가득 차 있다.

순례길 걸어서

비로자나 부처님 앞에 함께 서니

팔만대장경 화엄의 바다가

몸 안으로 밀고 들어온다.

하나면서 전체이고

전체면서 하나란다.

몸 지치고 고달프다.

순례 10일 차

누적 이동거리 223km다.

앞으로 200km 남았다.

의료팀이 고단한 몸을 돌봐준다.

미안하고 감사하다.

옛적 타클라마칸 사막 건너던

신라 구법승 생각난다.

사막 한복판에서

열에 아홉은 해골이 된다.

커다란 원력과 치열한 정진

우리 불교가 살고자 한다면

달리 무슨 길이 있는가.

해인사 숙영지

내 한 몸 들어가 눕는 집

하늘에서 보니 예쁘고 아름답다.

혼자인 것 같아도 여럿이고

외로운 것 같아도 조화롭다.

김환기 화백 점묘화 같기도 하고

화엄 오케스트라 악단 같기도 하다.

또 다시 새벽을 걸어 밀양시 무안면 홍제사에 도착한다.

홍제사는 대웅전인 설법보전과 사당인 표충각으로 이루어졌는데

표충각에는 서산대사, 사명대사, 기허대사의

진영이 모셔져 있다.

설법보전 옆에 사명대사의 우국충의를 기리는

표충비가 있다.

나라의 어려움이 있을 때마다 땀을 흘린단다.

옛 스님들 나라사랑하는 마음

잊으면 안 된다고 안 된다고

비석님은 지금도 땀을 흘리시는 거겠지.

표충사는

사명대사의 충혼이 서린 곳

나라사랑 호국성지다.

민족정신이 강한 여기

다문화 가족들이

빗속에 환영 나와 반겨준다.

나라는 무엇이고

민족은 무엇인가

순례는 길을 걷는 것만이 아니다.

모든 경계와 차별을 넘어서 가는 것

이것이 순례의 새로운 뜻인지 모른다.

마을 분들이 밀양 백중놀이를 선보인다.

음7월 보름 백중날

머슴이나 일꾼들을 위로하던

비주류의 전통 민속놀이다.

이승의 빗바람 스산한 가을 풍경은

사방팔방 회색인데

누가 비주류라더냐.

흰옷의 백성들은 너나없이 눈부시다.

송광사에서 천리를 걸어왔다.

차 타면 네 시간 거리를

우리는 어쩌자고

열아흐레를 걸어왔나.

가는 게 중요한 게 아니라

어떻게 가는가가 중요하다.

사부대중 순례란 무엇인가.

모두가 함께 모여

내 발로, 온몸으로

밀고 가는 거다.

Everyone gathers together, pushing with their own feet, with their whole bodies.

모두가 함께 모여 내 발로,
온몸으로 밀고 가는 거다

부도전浮屠田은

스님들의 사후세계다.

지상의 삶을 마치면

화장하여 수습한 뼈를

돌탑에 안치한다.

발 디디던 땅과

하늘 허공 사이에

돌을 깎아 세우고

천 년의 스님들을

거기 모신다.

지수화풍 사대四大로 이미 돌아갔건만

사람이 제 아니 잊고 자꾸 모신다.

순례는 총림에서 시작하고 총림에서 마감한다.

조계총림에서

해인총림을 지나

영축총림에 이르는

천리 길

조계는 육조 혜능스님의 상징이고,

해인은 부처님 가르침의 이미지며,

영축은 부처님께서 법을 설하시던 장소다.

불법승 삼보가 다 들었다.

둘이 아니다.

승속에 차별 없다.

내가 너다.

네 개의 현판

통도사 대웅전은 현판이 네 개다.

동쪽은 대웅전, 서쪽은 대방광전,

남쪽은 금강계단, 북쪽은 적멸보궁.

안에 불상을 따로 모시지 않았다.

불상 자리를 비워두고 후면을 유리로 장엄했다.

유리 바깥에 부처님 진신사리를 모신 뜨락이 있다.

참배를 하려면 유리 너머를 향해 절 올린다.

순례단원은 동쪽 대웅전 편액 밑을 지나

진신사리 뜨락으로 바로 향한다.

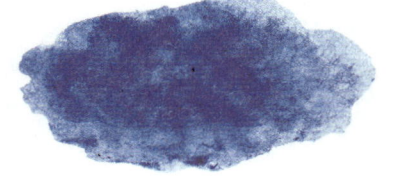

여기는 부처님 계신 곳

신발과 양말을 벗는다.

환희심 솟으면

거룩해지는 거다.

우리도 잠시

붓다가 되는 거다.

전법과 포교를 위한

새로운 순례를

다시 시작할 수 있는 거다.

Human　　　　　　　　　　　　　　　　　　　　사람

세번째 여정 — 사람

1. 묵언
2. 삼보란 무엇인가
3. 전날 밤
4. 새벽 예불
5. 땅에서 넘어진 자, 땅을 딛고 일어서라
6. 부처님 가까이
7. 멈추어 있는 동안도
8. 노란 보살
9. 일일참가
10. 사성암에서
11. 장엄한 화엄성지
12. 조계산에서 지리산으로
13. 걸으면서 살림 살기
14. 물수건 관세음보살
15. 자전거 스님
16. 그대 이름은 선남자
17. 왜 그러셨어요?
18. 걸어야 낫는다

19	간절해야 수행이다
20	숙영지의 천수관음보살
21	다섯 비구니
22	물집이라니요, 무슨 문제가 있겠습니까
23	사람은 어떻게 여물어지나
24	따뜻한 한 끼
25	위대한 걸음
26	보살 고깔모자
27	염주와 기도
28	무엇이 그리 즐거우실까
29	동명스님 나가신다
30	여기는 팔만대장경의 집입니다
31	삼존불을 보았습니다
32	어쩌라구
33	회장님의 아픈 발가락
34	총도감 호산스님
35	통도사 주지 현문스님께
36	부처님 근본 가르침으로 돌아가야 합니다

001
―
묵언

눈이 묻고 눈썹이 답한다.

"행선 중에 왜 묵언 하는가?"

"서리 묻은 가을 눈썹이다."

"순례단 단장 원명입니다. 불법승佛法僧 삼보는 부처님과 부처님의 가르침과 부처님을 따르는 제자들을 가리키는 세 가지의 보물이란 뜻인데, 송광사의 국사전, 해인사의 팔만대장경, 통도사의 적멸보궁이 곧 한국불교 삼보의 상징입니다. 삼보사찰은 우리나라에만 있는 독특한 불교신앙으로서 승보종찰 송광사, 법보종찰 해인사, 불보종찰 통도사를 가리킵니다. 우리 순례단이 송광사부터 통도사까지 천리를 걸어가는 것은 송광사에서 출가를 하고, 해인사에서 부처님 가르침을 배우며, 통도사에서 깨달음을 얻는 수행의 과정을 직접 체험해보자는 겁니다."

003 — 전날 밤

순례 전날 밤, 전체 안내 시간이다.

조계종립 동국대학교 이사장 성우스님도 합장 발원한다.

"우리 가는 천리 길이 코로나로 고통 받는 국민들께 위로와

희망을 드릴 수 있도록 하소서. 가는 길마다, 만나는 사람마다,

모두가 삼보임을 우리가 깨닫게 하소서."

휴식은 잠시 멈춘다는 뜻이다.

Resting means pausing.

멈춰야 새로 시작하는 법이다

By pausing there is a new start.

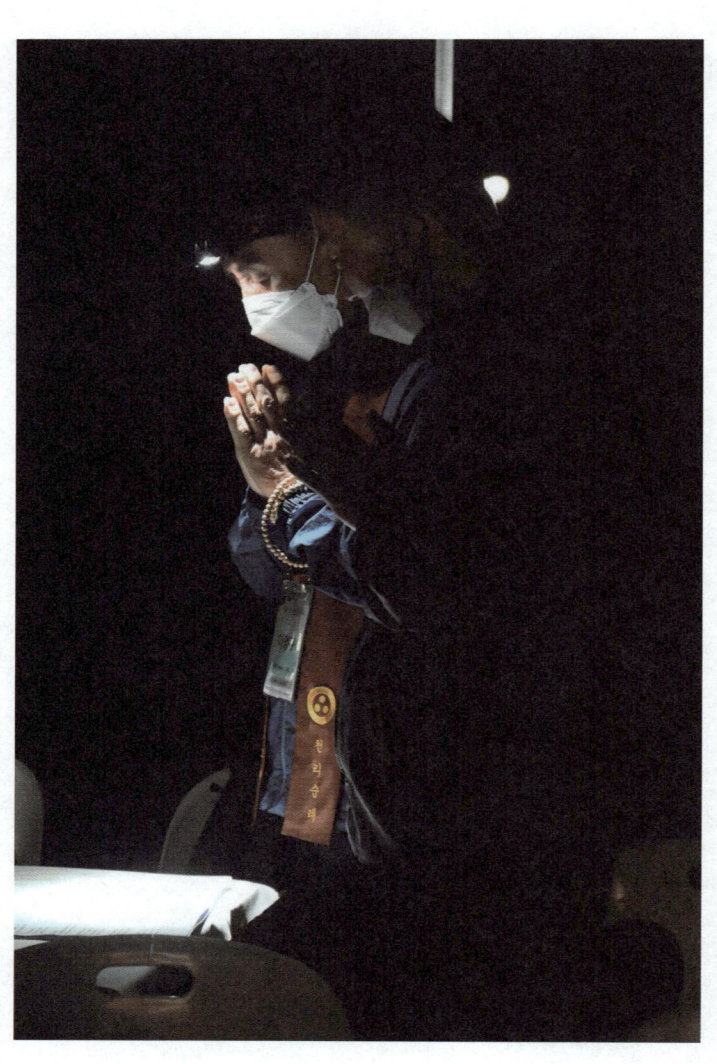

예불은 사람을 거룩하게 한다.

알고 보면

나도, 당신도,

거룩하다.

알고 보면…

눈 떠서 바로 보면…

땅에서 넘어진 자, 땅을 딛고 일어서라

순례 떠나기 전, 송광사 방장 현봉스님께서 법문을 하신다.

"삼보사찰 108 천리순례는 고려의 보조국사 지눌스님께서
송광사를 배경으로 펼친 정혜결사의 정신을 이어받고 있습니다.
스님께서 '땅에서 넘어진 자, 땅을 딛고 일어서라'고 하셨듯이,
이번 순례는 우리가 처한 현실을 딛고 새롭게 일어서겠다는
발원입니다. 우리 송광사는 고려시대 이래로 16국사를 배출한
승보종찰로서 한국불교의 전통을 잘 지켜온 도량입니다.
여기에서 천리 길을 시작한다는 것은 뜻깊은 일입니다."

006

부처님 가까이

천리순례는 무작정 걷는 게 아니다.

참선법의 하나다.

행주좌와行住坐臥 어묵동정語默動靜의 그 '행'이다.

그래서 순례는 행선行禪이다.

호흡과 마음을 챙기면서

부처님께 가까이 가는 것이다.

멈추어 있는 동안도

휴식은 잠시 멈춘다는 뜻이다.

멈춰야 새로 시작하는 법이다.

생각해보면 우리들 인생은

새로 시작하는 시간보다

멈추는 시간이 더 많다.

멈추어 있는 동안도

잘 살피고 챙겨야 한다.

노란 보살

안전이 최우선이다.

사람 다니는 길에 차가 가는 것인지

차 다니는 길에 사람이 가는 것인지

도로를 걷다 보면

가는 것들 사이에 속도 차이가 난다.

길 가는 데 차이가 나면

알려주고 보호해주는 사람이 필요하다.

어둠 속에서도 잘 보이는 사람들

당신들 모두 노란 보살

모든 대중이 천리를 다 걷는 건 아니다.

일일 참가 방식도 있다.

나랏일로 바쁜 와중에 짬 내어 동참하는

국회의원도 있다.

주윤식 중앙신도회 회장

주호영 의원

국회 정각회 회장 이원욱 의원이 함께했다.

"스님, 가을답지 않게 날씨가 참 덥습니다."

"그러게요. 아까 특식으로 받은 아이스크림을
천막 안에서 먹었는데 얼마나 더운지 늦여름 노양老陽에
쇠뿔 녹듯이 금세 녹아버리지 뭡니까."

"그래도 사성암에 오르니 몸도 마음도 다 시원해지네요.
구례읍이 한눈에 보이고 멀리 화엄사 모습도
아른거리지 않습니까."

"스님은 참 좋은 눈을 가지고 계시네요. 한눈에
보시는 것도 있고, 아른아른 보시는 것도 있으시니…"

"눈이 둘이라서 그렇지요."

순례 사흘째

화엄사 주지 덕문스님은 순례단 맞을 준비가 한창이다.

"장엄한 분들께서 화엄으로 오시니, 마음 장엄 잘하십시다."

그때 문득 구름이 걷히더니 화엄사 안마당이 햇살로 환해졌다.

여기가 화엄사다.

민족의 영산 지리산이 품은 천년고찰.

조계산에서 사흘을 걸어 지리산까지 왔다.

여기 불자님은 직장에 휴가를 내고

일생에 다시없을 순례에 동참했다.

혼자라면 어떻게 가능할까.

사부대중이 함께하니 말뚝불심이 절로 생긴다.

내가 너에게 그러하듯,

As I am to you,

네가 나에게 그러하듯

you then are to me.

지리산 천은사 주지 대진스님은 이번 순례의 총괄팀장이다.

열아흐레 전 일정 동안 주요 살림을 도맡아 진행한다.

순례 4일 차,

순례단은 노고단 옆구리를 치고 올라

천은사 주차장에서 아침 공양을 하려 한다.

"아직 캄캄한 어둠속인디 암시랑토 않을랑가?"

물수건 관세음보살

아름다워라 뜨끈한 물수건의 보시는

찬 새벽 공양하기 전에

푸석한 얼굴 어루만져주는

어머니 관세음보살이 여기 있어라.

지난해 동화사에서 봉은사까지 걷던 자비순례와 다르다.

그때는 강변길이 많고 대부분 평지였다.

이번엔 다르다.

천리순례 길엔 도로도 많고 험한 고개도 많다.

지우스님은 순례단의 앞뒤를 자전거로 다니며

무사고 회향을 위해 각종 안전 신호를 보낸다.

『원각경』에 이르기를,

"선남자여, 잘 들어라. 여래의 청정한 마음을 구하려면,

생각을 바르게 하여 모든 헛된 것을 멀리 떠나야 할 것이다."

순례는 정녕 이런 게 아닐까.

생각을 바르게 하기.

모든 헛된 것에서 멀리 떠나기.

바라밀波羅蜜이 다 뭔가.

나로부터, 나라는 아상我相으로부터

멀리 떠나는 거다.

궁극의 완성이 별 건가.

아상이 깨지면 저절로 된다.

천리순례가 이런 마음이다.

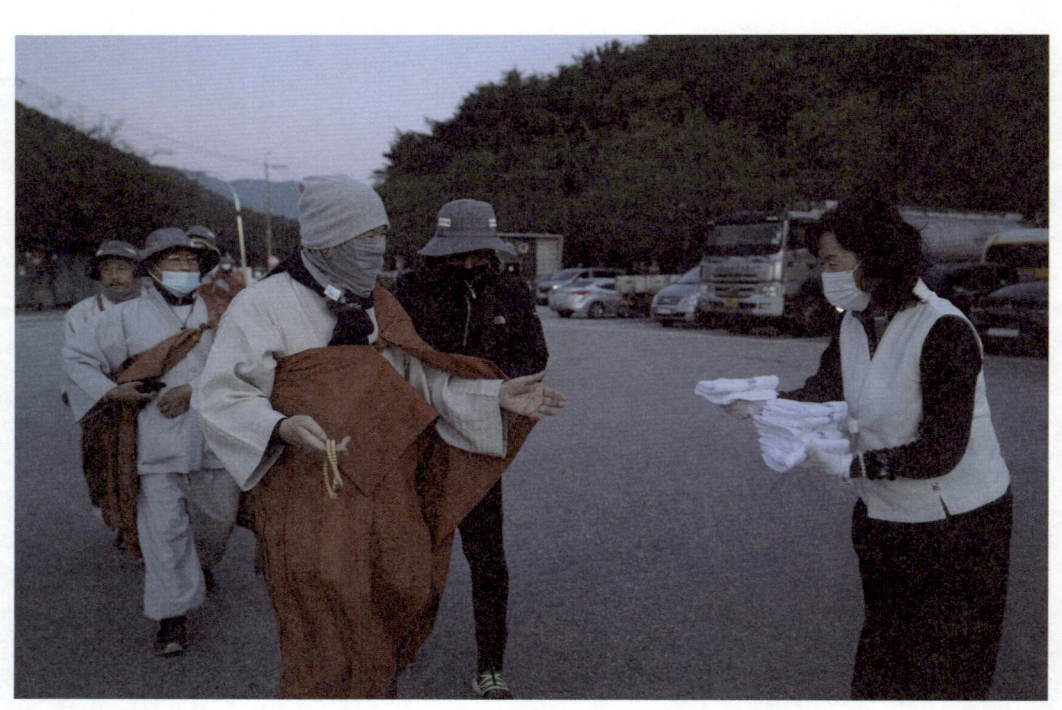

왜 그러셨어요?

"매일 아침 김해에서 따뜻한 물수건을 날라 오시지요?"

"새벽에 세수도 제대로 못 하시잖아요.

따뜻한 수건으로 얼굴 닦으시면 마음 닦으시는 데

도움이 될 것 같아서요."

아난다가 부처님께 여쭈었다.

"부처님, 만일 여성일지라도 출가하여 부처님의 가르침대로

수행에 힘쓴다면 남자만큼 수행의 성과聖果를 얻을 수 있겠습니까?"

부처님께서는 침묵을 깨뜨리고 말씀하셨다.

"그렇다. 여인도 이 법에 귀의하여 지극한 마음으로 수행하면

성스러운 과보를 얻을 수 있다."

부처님께서 샤까족 남성 5백 명을 출가시키시자,

여인들 5백 명이 한 달을 걸어와 출가할 것을 요청했다.

이번 순례단의 여성 재가불자들은 그런 여인들 마음을 배우면서 걸었다.

새벽별 바라보며 실상사에 왔다.

약사여래 천일기도에 동참한다.

이 신심과 발원으로 지상의 병고를 모두 거두어가소서.

우리 가는 길이 한국불교 발전의 밑거름 되게 하소서.

사부대중이 함께하는 미래불교가 되게 하소서.

숙영지의 천수관음보살

순례 기간엔 조별로 구호도 외치고 동작도 창의적으로 만든다.

7조 우바이조는 천수관음보살 발원을 한다.

천 개의 손에 천 개의 눈이 박혀 있는 천수천안보살이 원래 모습이다.

부처님 입멸 후 미래 부처님이 오실 때까지 중생을 돌보는 역할을 한다.

손도 많이 필요하고 눈도 많아야 한다.

내가 너에게 그러하듯

네가 나에게 그러하듯

우리가 다 그렇다.

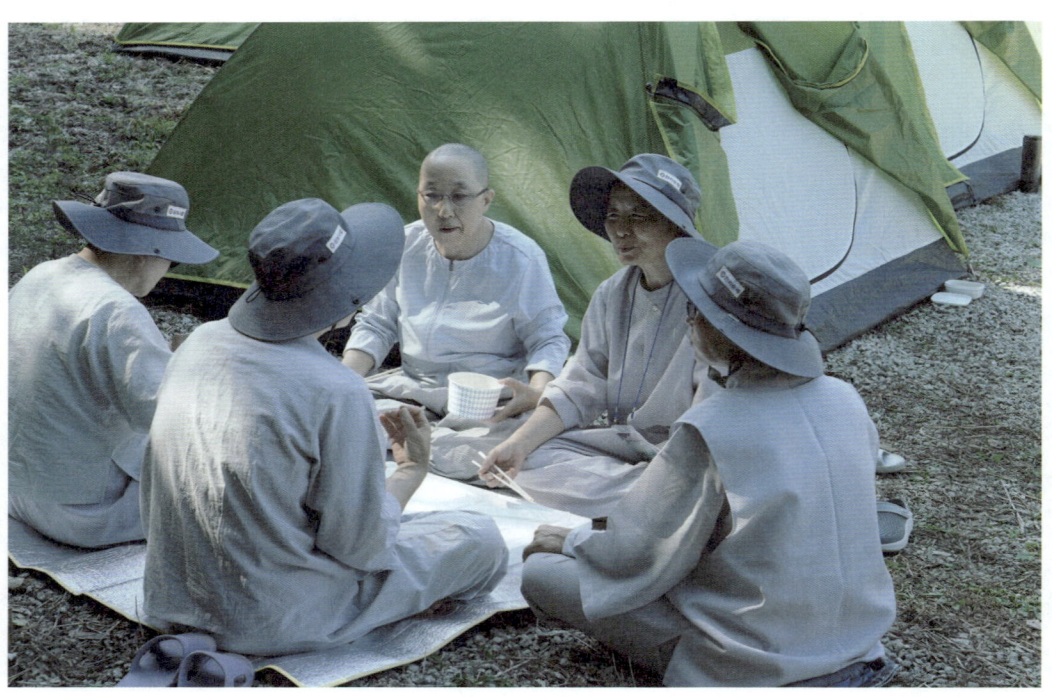

다섯 비구니

부처님께서 성도하시고

녹야원에서 다섯 비구에게 첫 설법을 하셨다.

가르침 펼치는 걸 바퀴 굴리는 일에 비유하여 법륜이라 하니

부처님의 녹야원 첫 설법을 초전법륜이라 한다.

순례길의 다섯 비구니 스님

오순도순 앉아서 옛일을 말씀하는데…

그때 초전법륜 목소리는

시냇물이 소살소살 흐르는 것처럼

다정도 하셨을 거야.

우리 같은 수행자를

다정하게 바라보고

다정하게 말씀하셨을 거야.

햇살은 과일과 사람을 여물게 하고,

Sunshine makes fruits and people grow.

순례는 우정과 믿음을 두텁게 한다

Pilgrimage makes friendship and trust strong.

발이 둥둥 올라간다.

하얀 맨발이 풀밭 위에 솟는다.

탄학스님은 쉬는 시간이면 조용히 몸을 풀곤 한다.

스님 요가의 여러 동작들을 보고 있노라면

몸이 저토록 자유자재할 수 있다는 데 놀란다.

스님은 수고한 발에게 칭찬도 해주고

다리도 으쓱으쓱 올려준다.

대자유의 세계로 가는 길에는

몸도 준비가 잘 돼야 하나 보다.

가을 햇살이 세기는 센 모양이다.

때늦은 더위가 한동안 계속되었는데

사람이 햇살에 잘 익었다.

햇살은 과일과 사람을 여물게 하고

순례는 우정과 믿음을 두텁게 한다.

오심스님이 탄묵스님을 가리키며

장난스레 웃는다.

벌써 물집이 잡히시다니… ㅎㅎ

그러면서 도반들은 서로 여물어진다.

사부대중이 함께하는 삼보사찰 천리순례

많은 분들이 순례단을 도와주지 않으면 불가능한 일이다.

순례단, 지원단, 일일참가자를 포함해 150여 명이 매일 움직인다.

매끼 공양만 해도 총 60회에 이른다.

순례는 체력이 뒷받침해야 하니

모든 공양을 정성스레 준비한다.

도시락을 먹어도

과일과 요구르트를 먹어도

모두가 따뜻한 한 끼다.

총무원장 원행 큰스님께서 순례단을 방문하여 격려해주신다.

원력이 커야 합니다.

원력이 커진 뒤에는 실제로 이루어져야 합니다.

사부대중이 함께하는 걷기 순례가

불교중흥으로 나아가는 첫걸음입니다.

보살은 누구인가?

보살은 보살피는 이다.

보살은 스스로를 보살피고 다른 이도 보살핀다.

'보살핀다'는

보살로 피어난다는 말이다.

'보살핀다'는

다른 사람도 보살로 피어나게 한다는 말이다.

순례단을 보살피는 약사보살님이

장난기가 동했다.

보살 고깔이 하늘꽃처럼

머리 위에 얹히었다.

몸도 치료해주고

마음도 치유해준다.

이 보살님을 어쩌라구.

염주와 기도

나는 무얼 바라 길 떠났는고.

108 염주 돌리며 108 번뇌 다 끊으려 하네.

내가 비치는 거울은 어디 있는가.

동자승이 따로 없다.

40년일까 50년일까

세월이 좀 흘렀을 뿐

스님들은 천진난만하시다.

팔만대장경 해인사가 코앞인데

하늘에 배를 깐 구름이

잠깐 방귀를 뀌었나 보다.

락樂이다.

괴로움을 떠난 무위無爲의 안락함이란

바로 지금이다.

동명스님 나가신다

법보종찰 해인사 앞마당에 이상한 도형이 그려져 있어요.

옛날 신라의 의상스님께서 화엄사상의 핵심을 210자의

게송으로 만드시고 뱅뱅뱅 뱅뱅뱅, 필부필녀의 눈이 뱅뱅뱅 돌아가도록

땅님 위에 디자인 하셨는데 이를 '화엄일승법계도'라고 해요.

미로와 같은 만다라 양식의 틀 안을 천리순례단 제일 노장 어르신인

동명스님께서 씩씩하게 걸어 나가시니까 소년 같다고,

일흔두 살짜리 소년 같다고, 절 마당의 파초선이

고개를 끄덕끄덕거리고 있어요.

해인사 방장 원각스님께서 말씀하시길,

오셔요. 어서 오셔요. 잘 오셔요.

내딛는 걸음걸음 정성을 다해 깨어 있으면

천리순례는 최고의 수행이 될 것입니다.

삼존불을 보았습니다

비는 밤새 내리고

새벽부터 두 시간 비를 맞으며 걷는다.

종립학교인 밀양 홍제중학교 체육관에 들어선 것은 6시.

아침 공양하고 잠시 쉬는데

사방이 눈부시게 밝아진다.

체육관 바닥에

불현듯 앉아계신

삼존불!

괴로움을 떠난 무위의,

Comfort is now,

안락함이란 바로 지금이다

free from suffering.

스님께서 상월결사 때

어쩌라구!

하시는 바람에

어쩌라구라는 책을

쓰게 되었답니다.

어쩌라구,

어쩌라구를 말씀하셨습니까.

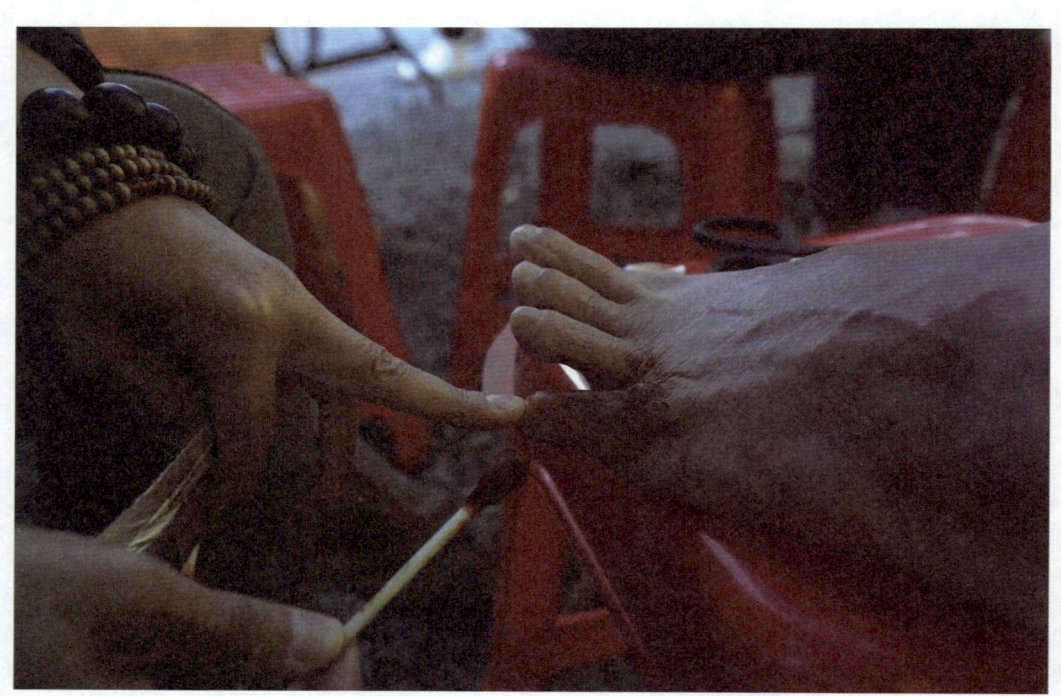

033

회장님의 아픈 발가락

중앙신도회 회장님 발가락이 많이 아프다.

이 발가락은 신도 한 사람만 아파도 탈이 난다.

너무 많은 사람이 아직도 아프다.

엄지에서도 제일 멀리 있는

새끼 중생.

상월선원 만행결사 삼보사찰 108 천리순례

정진을 시작하겠습니다.

상월선원 만행결사 삼보사찰 108 천리순례

정진을 마치겠습니다.

이 두 문장을 하루에 두 번씩 외치시는 스님

회향식 때 순례자 한 사람 한 사람 이름을

불러주시고 그 끝에 하시는 말씀

"함께해서 행복했습니다."

우리가 왔습니다.

길에서 먹고 길에서 자며

천리를 걸어 부처님 계신 곳에 왔습니다.

사부대중이 함께했고

무탈하게 이루었습니다.

후대의 역사가 오늘을 기록할 것입니다.

통도사 방장 성파 큰스님 목소리가 영축산을 울린다.

"천리순례단 여러분, 장한 일을 하셨습니다.

불보종찰인 여기 통도사는 구하스님과 경봉스님께서

한국불교의 쇄신을 위해 일찍이 화엄산림법회를 열었던 곳입니다.

통도사 화엄산림법회는 출가 재가를 떠나 모든 사부대중이

부처님 근본 가르침으로 돌아가자는 쇄신운동입니다.

상월선원 만행결사 삼보사찰 108 천리순례 역시 한국불교의

미래가 사부대중과 함께하는 데 있다고 보고 이를 실천하는

적극적 불교운동입니다. 사부대중 여러분, 우리가 함께할 때만이

한국불교의 미래가 열릴 것입니다.

나무 시아본사 석가모니불."

"Thank you for being with us."

"함께해서 행복했습니다."

삼보사찰 108 천리순례 완보증서

국난극복과 한국불교 중흥을 발원하여
천리순례에 동참한 원력을 기립니다.

세상에 여법如法함과 삼보三寶의 진정한 의미를
널리 알리길 발원하여 천리순례에 동행한 신심을 기립니다.

부처님의 가피력이 온국토에 가득하길 발원하여
천리순례의 도반이 된 수행력을 기립니다.

사부대중이 모두 평등하게 발원하고 수행하며
한마음으로 화합하여 새로운 불법의 길을
완보한 공덕을 기립니다.

불기2565년 9월 30일부터 10월 18일까지
승보종찰 송광사-법보종찰 해인사-불보종찰 통도사 총 423km
(순천, 곡성, 구례, 남원, 함양, 거창, 합천, 고령, 창녕, 밀양, 울주, 양산)

완보자

비구 | 자승·동명·성우·호산·우봉·도림·심우·선광·오심·현민·덕조·효림·해관·성화
설도·탄우·원명·환풍·태성·항명·진오·하원·대우·본오·혜장·대진
법원·향림·제민·선지·현해·허허·법정·보관·정명·지우·함결
설암·탄학·탄무·탄하·탄묵·문종·보월·보림·삼조·능원·혜일

비구니 | 지해·묘수·정혜·해인·대현

우바이 | 이태경·성계순·홍차선·강둘래·곽영옥·정대심·윤현서·강덕순·이세옥·안응연·정해림
김선희·양인숙·김정숙·백금선·이윤선·남민옥·황희상·장윤정·정유림·하정수·박선민·김나현·김화자

우바새 | 정충래·이재완·김정도·이환희·김호준·주윤식·김형규·윤재웅·김용현·이영규·
조남일·안현민·강용한·윤순성

부록

▲ 창녕 들판을 가로질러서

▲ 비오는 새벽길
▼ 새벽 들판을 가로질러서 해인사 가는 길

▲ 보살님들 몸에 달린 새벽 신호등
▼ 낙동강을 건너서 창녕으로

▲ 우중 순례길의 짧은 휴식, 트랙터와 스님들
▼ 함양에 들어서고 있는 순례 대중

▲ 표충사 가는 길
▼ 함양 상림 연꽃단지를 지나는 순례 대중

▲ 꽃은 제자리에서 아름답고, 사람은 걸어가면서 아름답다

▲ 해인사 소리길, 한국의 아름다운 길
▼ 사자평 억새밭 구간

▲ 거창을 향하여 물길과 함께
▼ 지리산 시암재 숙영지

▲ 백년전 시인 이상화는 이렇게 노래했다. "나는 온몸에 햇살을 받고 푸른하늘 푸른들이 맞붙은 곳으로 가르마 같은 논길을 따라 꿈속을 가듯 걸어만 간다."
▼ 고려대장경 이운길 구간

▲ 지리산 성삼재 구간을 지나는 순례단
▼ 거리의 새벽 공양.

▲ 거창 구간 쉼터의 커피 공양
▼ 숙영지에서

▲ 지리산 제일관문 쉼터에서. 마중나온 해인사 주지 현응스님과 함께
▼ 함양구간 쉼터에서

▲ 한국불교 발전을 위한 토크콘서트
▼ 지리산 제일관문 쉼터의 재가불자 순례 단원들

▲ 순례기간 중 각종 지원에 힘써준 지원단원들
▼ 자원봉사로 함께해 준 동국대학교 일산병원 의료지원단

▲ 순례길 안전을 위해 봉사하는 안전봉사 단원들
▼ 청암사 승가대학 학인 스님들

▲ 밀양강 강변에서
▼ 순례단 간호를 담당하는 간호팀장과 스님들

▲ 사자평을 넘어서. 1일 참가한 중앙승가대학 학인스님들
▼ 시암재 가는 길위의 스님들

▲ 통도사 회향식, 함께 고생해준 자원봉사자들

삼보사찰 108 천리순례 포토에세이집

걸어야 길이다

초판 1쇄 2022년 9월 15일 인쇄
초판 1쇄 2022년 9월 27일 발행

글	윤재웅
사진	김형주
펴낸이	박기련
펴낸곳	도서출판 동국

출판등록	제2020-000111호(2020.7.9.)
주소	04620 서울시 중구 퇴계로36길 2 신관1층 105호
전화	02-2264-4714
팩스	02-2268-7851
홈페이지	dgpress.dongguk.edu
이메일	abook@jeongjincorp.com
디자인	쿠담디자인
그림	구지회
인쇄	대명프린텍

ISBN   ISBN 979-11-973434-1-4 (03220)

값 39,000원

이 책의 판권은 지은이와 도서출판 동국에 있습니다.
이 책 내용의 일부 또는 전부를 재사용 하려면 반드시 양측의 서면동의를 받아야 합니다.